Jifunze kuomba

Jifunze kuomba

Katika sala ya kweli, unapata maarifa ya Mungu
Sala halisi humfanya mtu awe mwenye raha

Gabriele

Gabriele Publishing
The Word

Jifunze kuomba

Katika sala ya kweli, unapata maarifa ya Mungu

Sala halisi humfanya mtu awe mwenye raha

First Edition in Swahili: October 2021

1ère édition en Swahili: Octobre 2021

Translated from the original German title:

Traduit de l'allemand, titre original:

Lerne beten

Im wahren Gebet erlebst du Gott. Wahres Beten macht glücklich

The German edition is the work of reference
for all questions regarding the meaning of the contents

Pour toute question se rapportant au sens,
l'édition allemande fait référence

Order No./ N° de comm.: S174swa • ISBN: 978-3-96446-225-1

Pictures / Photos:
Cover front / Couverture devant: © victoria p.-fotolia.
Cover behind / Couverture derrière: © Martin-fotolia

Ila, sala halisi huhitaji mafunzo,
kwa kuwa, sala halisi,
tunayoifanya ndani mwetu wenyewe
ni mazungumzo na Mungu

Watu wanasali.

Watu wanaomba.

Watu wanatumaini.

Watu wanajiswali kuhusu Mungu. Mungu Yupo wapi? Je Mungu Ananisikia? Je Mungu Ananielewa? Ananipenda? Na hatimaye Mungu Yupo? Kwa nini basi Hajidhihirishe? Kwa nini hatoi jibu?

Maswali mengi hakika!

Tuwe na dhamiri ya kwamba Kristo wa Mungu na hivyo pia Roho wa Baba yetu wa milele, yupo karibu sana nasi kupita jinsi mikono na miguu yetu ilivyo karibu nasi.

Ikiwa Yupo karibu nasi, Kwa nini hatumsikii?

Yule anayejiswali swali hilo anapashwa basi kujiuliza kama amemgeukia Mungu au kwamba kupitia hali zake za kipekee za uovu, za kujipendelea mwenyewe, hakuenda umbalimbali na Mungu.

Kwa nini watu wengi wanapiga kelele kwamba hawapati kamwe jibu toka Mungu, ingawaje wanamtolea sala zao? Na hata kama jibu linakuja, hawatambui basi kwamba linatolewa na Roho Mkuu wa Uzima.

Mara nyingi, tunawauliza wenzetu au wana teolojia swali la «Kwa nini». Je! wanaweza kweli kututolea jibu wakati ambapo wenyewe hawawezi kumhisi Mungu ndani mwao?

Wakati tunapowaswali wenzetu swali hilo «kwa nini» tunafikia kwenye mafumbo mapya kwa sababu wanajibu kila mara bila uhakika: «Sijui kwa nini hatumsikii Mungu.»

Jibu la mwana teolojia lingefanana na hili: «Hatungepashwa kujionyesha kuwa wenye kiburi. Swali la kufahamu kwa nini hatumsikii

Mungu ni swala linalohusu teolojia. Hizo ndizo siri za Mungu.»

Kwa nini, kwa nini, kwa nini! Jibu ni rahisi: badala ya kumwendea Mungu, Tunamkimbia.

Yesu alitufundisha kuwa: «*Ombeni mtapewa, tafuteni mtapata; pigeni hodi mtafunguliwa.*»

Kwa hiyo, tumtolee nani maombi yetu?

Tutafutie wapi, na kwa mlango upi tupigie hodi? Tumtegemee nani?

Tusiwategemee watu, wala pia mwana teolojia, kwa sababu naye ni mwanadamu pia. Ni katika kuwa na dhamiri kwamba sisi wenyewe ni hekalu la Mungu na kwamba Mungu huishi ndani mwetu, ndipo tutajua ni upande gani tuugeukie.

Tunapashwa kujifunza kugeukia ndani, ili kumpata Mungu ndani mwetu. Tunapata ujuzi wa Mungu katika sala ya ndani mwetu wenyewe.

Ila, sala halisi huhitaji mafunzo, kwa kuwa, sala halisi, tunayoifanya ndani mwetu wenyewe ni mazungumzo na Mungu. Watu wengi husali, japo mawazo yao yaelekea mahali pengine. Hizo ndizo sala za nje.

Yesu alisema: «*Ombeni na mtapewa...*» Lakini, kila mara tunaombaomba hiki ama kile kwa Mungu, na mara nyingi kwa ajili yetu sisi wenyewe. Tunamuomba ajibu matakwa yetu ya kiutu, ila matakwa hayo yanapinga wokovu wa nafsi yetu.

Ni mara tu mtu anapofikia sala nzuri, sala iambatanayo na matendo, ndipo sala inaongoza maisha yetu. Maombi ya matendo ni sala zinazojaa imani ya kina, inayotuweka wenye raha.

Vipi mtu anaweza kufikia sala ya utendaji?

Tunafikia kwenye sala ya utendaji kwa kuchunguza sala zetu za ombi na za shukrani, yaani kwa kujiswali kama sisi wenyewe tunafanana na kile tunachokiombea.

Ni wakati tunapoomba kwa moyo wote, tukijifunza kuomba kwenye kituo cha nguvu ya Kristo wa Mungu na tunasikia kweli maombi yetu, ndipo tunajihisi kubebwa na nguvu iliyopo siku zote.

Ikiwa tena tunatimiza maombi yetu maishani mwetu siku zote kwa kuyajaza na yale yaliyomo, ni kusema kwa kutimiza mapenzi ya Mungu, tunakaribia basi kituo cha upendo ndani mwetu na tunashika njia ielekeayo kwa Mungu.

Kwa kuendelea ndani mwetu katika njia inayoelekea kwenye Roho wa milele wa upendo, tunatambua upesi kwamba Mungu, Baba yetu katika Kristo, Mwokozi wetu, anapiga hatua nyingi upande wetu.

Maombi iambatanayo na matendo tunayotimiza siku baada ya siku, hubadilika hatua kwa hatua kuwa maombi iliyo maarifa ya ndani.

Tunaishi, tunahisi na kuwa na ujuzi wa kuwepo kwa Mungu kando yetu na tunakuwa sana na dhamiri ya jambo hilo.

Tunapata ujuzi kila siku kwamba upendo wa Mungu uko upande wetu na unatusaidia; Tunahisi kuwepo kwake kupitia hisia zetu.

Tunageuka sana wenye kuleta amani.

Tunapata usalama na imani kwa Mungu.

Tunatenda kazi siku zote sana na Mungu, na nguvu yake na tunapata ujuzi wa kuwepo kwake katika maisha yetu ya kila siku.

Kwa gafla, tunaelewa wenzetu wa kazini na tunaweza kuwasaidia bila kujitukuza. Katika hali nyingi tunatambua na kujua kuwepo kwa Mungu.

Mungu anatutolea majibu kupitia njia nyingi ambazo mwanzoni hatukuwa tunazifikiria. Tujifunze kwanza kujiweka huru toka sisi wenyewe, toka namna zetu za kufikiri ambazo zinategemea hali kama shauku, chuki, wivu, tamaa na kutamani vya wengine.

Mchangano huo wa hali mbovu unatawala hisia na fikra zetu.

Maneno yetu upande mwingine inatawaliwa pia na mambo tunayofikiria, tunayohisi na yale pia tunayotaka. Kinachofuata ni wasiwasi ya mfumo wa mishipa ya akili ambayo inaenea mwilini mwote. Mtu huyo hujikuta sasa ameshikiliwa katika marudio ya fikra zake. Hali kama na hiyo ilizungumziwa mwanzo wa kitabu inaonyesha yule aliyejitenga na Mungu.

Na ni vema kwa sababu tuko katika hali hiyo ndiyo maana tunajiswali maswali haya yote: «Mungu yupo wapi?», «Kwa nini hanisikii?», «Au pengine ananisikia?», «Au hata hivyo ananipenda?»

Yule anayeshikwa katika wavu wake wa hali mbovu huelekea moja kwa moja kwenye madhara aliyojiletea mwenyewe.

Methali moja ya kijerumani inasema:
«Kila mtu anasababisha raha yake mwenyewe!»
Tunaweza kusema tena, kila mtu anasabisha maovu yake na hatimaye ni chanzo cha yote inayomfikia.
Baadhi ya wanaosema kwamba wanaomba sana, kwa kweli wanajishughulikia wao wenyewe, wanajihusisha na wao wenyewe na hawatambui kabisa hali ya wenzao.
Tuanze sisi wenyewe tukijiswali maswali haya: Je! naweza kweli kusikia, kuhisi maombi ndani mwangu sana? Je! ninatimiza maombi yangu siku baada ya siku?

Tuwe na dhamiri ya haya:

Bila ushirika katika shida ya jirani, bila kuhisi ndani mwetu maombi yetu, hatuwezi kumfikia Mungu.

Kwa lengo la kumkaribia Mungu katika sala, tunapashwa moja kwa moja kuwa kimya, na tunafikia hayo tu ikiwa tunafikia ushindi dhidi yetu sisi wenyewe kwa msaada wa Kristo, ni kusema kwa kujiweka huru toka yote yale yanayotutenga na Mungu.

Ikiwa tuko tayari kurekebisha hali zetu za kiutu sana kwa msaada wa Kristo, tunageuka watulivu sana.

Kwanza sala yetu inageuka sala ya kutazama. Tunahisi maombi yetu yote na kujiswali swali hili: Je! mwenendo wangu wa kila siku unaambatana na maombi yangu?

Kwa mfano, wakati tunapoomba kwa ajili ya watu na wanyama, Ardhi-Mama, tujiswali maswali haya:

Ni namna gani tunavyowaunga mkono wenzetu? Je ushirika wetu katika shida ya ndugu na dada zetu wanyama uko je? Na namna gani tunavyohisi Ardhi-Mama ndani mwetu?

Tunapashwa kujifunza kuhisi kwa ndani sana sala zetu, kufikia ushirika katika shida kwa ajili ya kuelewa kupitia hisia zetu, kwa mfano, watu tunaowaombea wako vipi, ndugu na dada zetu wanyama au Ardhi-Mama wana hali gani.

Tungepashwa kuacha mahitaji yote ya moyo wetu tunayomtolea Mungu, yanene ndani mwetu, kuhisi hali zote tofauti tunazoombea, na hayo katika dhamiri kwamba kile nisichotaka wanitendee, si vema mtu mwengine pia akitendewe, iwe upande wangu au wa wengine. Ninajaribu basi kuhisi ndani mwangu hali ambamo mwenzangu yumo na mwenyewe ninajiambia basi kwamba singelihitaji kutendewa kama na hivyo. Hiyo ndiyo inatuwezesha kumuombea kwa ushirika katika shida yake.

Hivyo, hatua kwa hatua, tunafikia sala ya kweli.

Katika sala ya kweli, katika huo ushirika wa kina katika shida ya jirani unaogeuka hai ndani mwetu, tunatambua upesi kwamba tumevutwa na nguvu ambayo hatukua tunafahamu zamani. Tunahisi kwamba ni jibu la Mungu. Ni Roho anayetugusa.

Sala hizo ambamo tunaacha maombi yetu au shukrani yetu, ni ujuzi halisi wa ndani au wa kiroho. Hatutafuti tena maneno yetu. Tunahisi kwamba maombi inakuja moja kwa moja toka ndani mwetu, ni nafsi yetu inayotusaidia na inayoanza kuomba pamoja nasi.

Tuache maombi yetu yatiririke tokea ndani, moja kwa moja itageuka kuwa ya kweli, yasiyotegemea faida, mahitaji ya ndani itokayo moyoni mwetu kwa ajili ya jirani yetu, na Ardhi-Mama.

Maombi inayotegemea tu mahitaji yetu binafsi, na ya kiutu sana kwa lengo la kupata faida kwa manufaa ya mtu peke yake, inaonyesha kukosa tumaini kwa Mungu, Yeye anayejua mambo yote.

Sala za moyoni, maombi iliyo maarifa, maombi ya ushirika katika shida ya jirani, haitegemei hali zetu za kiutu sana. Maombi hayo yanalenga Umoja mkuu.

Ni sala kwa ajili ya wanadamu, kwa ajili ya nafsi ya mahali pa utakaso, kwa ajili ya watu waliokufa, ya wanaozaliwa, kwa ajili ya mazingira; ni mahitaji mengi kwa manufaa ya Umoja mkuu katika dhamiri kwamba nguvu ya ulimwenguni pote ya Mungu, inayoshirikisha vitu vyote, mwangaza wake wenye nguvu, unaleta siku zote mambo mema.

Tuwe na dhamiri kwamba sala yote inayotumiwa kama njia ya kufikia malengo ya mtu hutokea kwenye utu wetu mbovu wa hali ya kiutu mno na haikubaliwi na Mungu.

Maswali mengi kuhusu Mungu, yanayoulizwa na watu wanaoomba na wasiopata jibu, ni «sala za mbali»; kwao Mungu yupo mbali sana.

Maombi kama na hayo haigusi pia moyo wao, kwa sababu inatamkwa nje wakati ambapo fikra zinaelekezwa mahali pengine, yaani kwenye hali zetu mbovu za kiutu.

Tujifunze kuthamini utu wetu wa ulimwenguni pote kushinda utu wetu wa chini, tutafikia basi kujizuiza dhidi yetu sisi wenyewe na kujitenga na mwenendo wetu wa kujipendelea. Maombi yetu yatageuka kuwa ya undani na yenye nguvu.

Hali zetu za kiutu sana zinatutenga na Mungu. Ni baada tu ya kujifunza kutokulalamika juu ya wengine na juu yetu sisi wenyewe ndipo tunasikia kwamba Mungu yupo karibu nasi. Ikiwa kwa moyo wote tunamuomba atusaidie kushinda hali hizo za kiutu, msaada wake basi unajionyesha kwamba upo.

Nguvu ya Roho inatusaidia kushindana na sisi wenyewe. Tutageuka watulivu sana na tutaelekeza fikra na makini ndani mwetu sana na kufikia kupumzika katika kituo cha Kristo wa Mungu kinachongaa pembeni ya moyo wetu. Maombi yetu basi inachukuliwa na Roho wa upendo na ni sana sana nafsi yetu, kiumbe cha ndani ambacho tulicho katika Mungu, ndiyo inaomba.

Watu wengi hujishtaki kwa Mungu kwani hawaridhiki na wao wenyewe. Kujishtaki mwenyewe ni ukosefu wa tumaini kwa Mungu na kusababisha kuchelewa kwa faraja yake.

Watu wengi wanaomba Mungu awasaidie wenzi wao walio katika shida, walio katika mateso, ila wanajiswali mara haba kuhusu kiwango cha ushirika wao katika shida ya jirani ambao wanaombea.

Ni mara tu mtu anapojifunza kuhisi kwa kina mateso ya jirani yake, kuyahisi katika kituo cha Kristo wa Mungu ndani mwake, ndipo anaomba hakika.

Ikiwa tunahisi jinsi wanavyojisikia watu tunaowaombea, tukihisi yale yanayowasumbua, ikiwa basi mateso ya wengine yanasikika ndani mwetu, tunaweza kusema sasa kwamba tunaomba.

Sala isiyofuatwa na ushirika katika shida si sala ila ni maneno yasiyo na maana ambayo tunatamka.

Kuombea wengine kunamaanisha basi kuhisi sana ndani mwetu mateso yao, shida yao, maradhi yao. Yale yanayomsumbua mwezetu yanapashwa kuumiza moyo wetu.

Ni baada ya hapo ndipo tuna uwezekano wa kuelekeza nguvu upande wake.

Misukumo hiyo halisi ya nguvu, inayotokana na sala yetu, nguvu hizo nzuri, zisizotegemea faida zinazotokea kwenye fikra zetu, zinaweza kumsaidia jirani yetu kustahimili mateso yake, au kuyakubali. Zinaweza pia kumsaidia katika sala kupata Kristo, aliye msaada, mshauri na mponyaji wa ndani.

Yeyote anayejifunza kujikabidhi na kumkabidhi jirani yake kwa Mungu, kwa kuomba kwa moyo wote na hisia zote na huruma yake, huhisi moyoni mwake kuwa matatizo yake au ya jirani yanaguswa na nguvu ya Kristo, daktari na mganga wa ndani.

Faraja tunayo hisi ndani ya moyo wetu na wa jirani yetu hutufanya tuwe wenye raha. Huo ndio ujuzi halisi na wa kina wa maombi.

Tunapojihisi kuzingirwa na upendo wa Mungu na hekima yake, hatuombi tena kitu kwa sisi wenyewe kwani sala ya nafsi ni maabudu ya Mungu ambamo mnatiririka misukumo ya nguvu kwa ajili ya jirani zetu.

Upendo wa Mungu na wa jirani ndiyo maombi ya thamani kubwa. «Kumpenda jirani» kunamaanisha kumuelewa, kutambua hisia zake kwa lengo la kuhisi jinsi alivyo.

Mazungumzo na Mungu yanaendelea kutokana na sala hiyo isiolenga faida.

Sala ya kweli inasababisha pia kukomaa kiroho, kwani tunapofanya jaribio la kimya ya ndani na jaribio la raha kuu sana ya nafsi yetu, tunatambua sasa kwamba jambo hilo ni jibu la Mungu.

Mbele ya kufikia sala hiyo isiyolenga faida, tunapashwa kujifunza bila kukoma.

Tunapashwa pia kuhisi katika sala umoja mkuu ambao nao unakua kupitia upendo wa Mungu.

Twende katika mazingira, tufungue sana macho yetu na tuache mazingira yatuingie moyoni!

Tuhisi kwamba kila tawi la jani, kila mti mdogo, kila mti, kila mnyama mdogo, kila madini inaishi.

Kuhisi Uzima katika kila kitu, ni tena jibu ambalo Mungu anatupa.

Tujifunze kuishi katika umoja mkuu huo, tutasikia basi kwamba tuna muungano na viumbe vyote, kwamba tupo huru, kama wasiotegemea wakati au mahali, uzima wa milele unaokomaa sana siku zote chini ya jua la upendo.

Hayo ndiyo kuishi katika wakati uliopo. Ni hayo yanayoweka mtu huru na mwenye raha. Hayo ndiyo sala ya kweli.

Endapo basi tunajifunza kuomba, tunajifunza kuishi na kwa dhamiri tuko sehemu ya kile kilicho na vyote ndani mwake. Tunapata hivyo, kwa namna nyingi, maarifa ya kuwepo kwa Mungu na ya majibu Anayotutolea.

Endapo moyo wetu utaonyesha hali ya ugumu, na maombi yetu ikibaki tu masemi matupu, itabaki kuwa ya nje na tunahisi tu kwamba hali ya juujuu inazunguuka maisha yetu, kwa sababu Mungu hasemi nasi. Mungu hawezi kutugusa kwa sababu kwa kweli hatumgeukii. Hatukuunda uhusiano naye.

Ni ndani tu ya utu wetu ndimo Mungu anatukaribia, katika sala ya kweli na ya kina.

Tuwe na dhamiri kwamba ni bure kumtafuta Mungu nje. Maombi inayotamkwa midomoni tu haigusi moyo.

Ni wakati tunapopata Mungu ndani mwetu, katika sala ya ndani, ndipo tunasikia umoja mkuu wa ulimwenguni pote, na hayo yana maana «kuwa wamoja». Tutapata basi ujuzi wa Mungu popote, si nje ila katika vyote.

Watu wana woga sana wa yale yanayoweza kuwapata, yanayowakasirisha na kuvuta hisi zao nje. Tuwe na dhamiri kwamba hakuna kitakachoweza kutupata isipokuwa tu yale tuliyotoa sisi wenyewe kwa watu wengine mbele.

Tunaunda sisi wenyewe paradizo na gehanamu yetu. Vyote hivyo ni hali za ndani ya dhamiri ambazo tungepashwa kutambua mapema kwa ajili ya kukataa «jehanamu». Tunatumia maisha yetu jinsi tunavyotaka.

Kauli mbiu yetu ya siku zote ingeweza kuwa hii:

Uwe mtulivu. Kabiliana na msukusuko wako kwa msaada wa nguvu ya Kristo wa Mungu kwa kurekebisha yale yanayopitika ndani mwako; kwa sababu marudio yote ya fikra na hisia zetu inaleta msukosuko, na kutuweka wafungwa, pia kutuzuia kuwa na kimya na kutuzuia kuomba kwa dhamiri, yaani kupitia hisia zetu.

Nafsi yetu hupumzika katika Mungu tu wakati hatuitii katika misukosuko ya hali zetu za kiutu mno au ya dhambi.

Ikiwa Roho wa Mungu anaweza kulisha nafsi yetu kwani tumegeuka wanyamavu, tunasikia basi thamani ya malisho ya uzima wa ndani au wa kiroho; ni utulivu ndani mwetu, kimya, kuwa umoja na kisicho na mwanzo au mpaka. Ndio utu wetu wa kweli. Hayo yanawezekana tu ikiwa siku zote tunajifunza na kujifunza tena, ikiwa tunajifunza kuomba.

Baadhi ya wakristo wa Kanisa hawajui tena jinsi ya kuomba. Je! Ni mamoja kwetu? Tukitazama kote ulimwenguni, tutagundua kwamba hata kama katika nchi za magharibi watu hujiita wakristo, hakika wanaishi mbali na maisha halisi ya kikristo.

Baadhi ya wanaojiita wakristo, wamegeuka kasuku. Kwa mfano, wanarudilia sawa sawa sala waliopewa na viongozi wa kanisa. Hawajui tena kutimiza sala zao.

Kwa sasa sisi ni washuhuda wa mwenendo mbaya wa ukristo wa nje ambamo chuki, dhidi ya wageni inachukua nafasi ya upendo wa jirani. Ukristo wa nje unahitaji kukiri imani badala ya dhamiri inayoelekeza kwenye nyayo za Yesu Kristo.

Kupitia ujuzi wa sala, na kwa kujifunza kuhisi kwa undani vitu na kuwa na huruma, unyeti wetu unatakasika. Kwa hiyo tutatoa mwito wa msaada na wa huduma kwa wanaohitaji kutokana na ujuzi wetu wa kiroho.

Ikiwa hayo haiwezekani kwa kuwa bado tunamchukia jirani wetu, hatupashwi kumpa shauri mzuri, yeye wala mtu mwengine.

Yule asiye na uwezo wa kumletea jirani yake faraja ya ndani kutokana na uzima wake binafsi wa ndani, au wa kiroho, hawezi kamwe kumuongoza kwa kupata njia ya kimya ya rohoni ambamo Kiongozi, Mshauri, Msaidizi na Mganga wa ndani anamngoja.

Tufikiriye haya:
Sala na uzima vingepashwa kuwa kitu kimoja.

Watu wengi hutegemea wengine na baadaye hukata tamaa daima.

Yeyote asiyemtegemea jirani yake ila anayeomba msaada, ushauri na uungaji mkono kwa Wamilele, hawezi kutupiliwa na mtu yeyote kwa sababu hategemei watu ila humtegemea Kristo, Roho wa milele, aliye ndani ya kila kitu.

Kwa upekee, wakati wetu huu, tungelipashwa kuwa na dhamiri kwamba Mungu yumo ndani ya kila kitu, na katika vyote moyo wa Mungu hupiga, na kwamba tungelipashwa kuwa na mizizi yetu ndani sana ya Mungu na kuishi ndani mwake.

Ikiwa tunatamani kulifikia lengo hilo katika sala, basi tutapata raha ya ndani na kujihisi tumeungana na Roho mkuu.

Katika sala, yule anayejitambua ndani mwake na kumkubali jirani yake moyoni mwake, ndio, kile kisicho na mwisho chote, ana uwezo wa kufungua mlango wa ndani unaoelekea kwenye ufalme wa Roho wa Mungu.

Ikiwa tumepata Mungu moyoni mwetu kwa msaada wa sala halisi, ambayo tungelipashwa kujiizoeza mara na mara, tunahisi basi uwepo wake pote. Kwetu sisi, yupo yule aliye pote, Mwema, Mfadhili, Anaye penda, Roho wa upendo.

Tunahisi hivyo mtazamo wa Mungu kupitia kila mwanadamu, kila ua, kila kichaka na mti, kila madini.

Tunahisi kungaa kwa Muweza yote katika kila mlio wa mnyama, katika upepo, kupitia mionzi ya jua, katika kila tone la maji na kila punje la mchanga; hatupo peke yetu, tunaungana naye na kuzingirwa na nguvu ya upendo.

Tukijifunza kuomba ndani mwetu sana, kufikia sala-maarifa halisi, kupitia hisia zetu na huruma wetu, unyeti wetu kwa mazingira, kwa kile tunachokiona na tusichokiona, na kwa watu wote, kwa viumbe vyote na aina zote za uhai, tunafuata njia iendayo Uzimani, kwa sababu Mungu ni Uzima ndani ya kila kitu.

Siku zetu zinangaa, zinamulikiwa na jua ya ndani. Tunapo amka tunamhisi Mungu, yu pamoja nasi.

Kila wakati tunahisi kuwa Mungu yuko pamoja nasi. Usiku tunapolala, tunahisi kimya kubwa, MUNGU, yupo nasi.

Ni wakati tu tunapo jifunza kuishi kama viumbe visivyo kufa, ndipo tunapoanza kuishi.

Wamoja wanajiswali ikiwa namna yao ya kuomba ni nzuri, na kama wanaomba kiasi kwamba Kristo aweze kuwasikia na kuwaelewa.

Tungepashwa kufanya zoezi kuhusu jambo hilo kwa ajili ya kujitambua sisi wenyewe.

Kabla ya yote, tujiswali tungefanya nini iwapo picha ya runinga yetu imevurugika? Kwanza tutafikiri na kujiswali ikiwa antena ya upokeaji haikuhamishwa wala kuvunjika wala kuelekezwa vibaya. Kwa haraka tungemwita fundi maalum kusudi achunguze antena na kuielekeza upya upande mzuri ili tupate tena picha safi.

Kila mmoja wetu pia ni mtoaji na mpokeaji. Tunapokea picha zinazolingana na mwelekeo wetu wa kiroho, na mtazamo wetu kuhusu Uzima.

Basi, tupo kama antena ambayo inapashwa kuelekezwa vema. Ni vema mwili wetu uchukuwe mwelekeo mzuri au msimamo nyofu unaotuwezesha kutafakari vema.

Kwa mfano, wakati tunapoegemea kiti, antena yetu haielekezwi upande wa Mungu. Kwa ajili ya kugeukia ndani mwetu, ni vema tuupe mwili wetu msimamo unaolingana na heshima ya uzima wa kiroho, tunahisi basi kwamba hali fulani moyoni mwetu inarekebika.

Ni vema tuzoeze mwili wetu msimamo huo wa Kikristo katika maisha yetu ya siku zote, hussusan wakati wa sala. Ni vema kuutia wepesi mwili wetu kwa lengo la kuweza kupokea misukumo ya uzima wa kiroho. Hilo ndilo lengo la zoezi hili.

Tuna desturi ya kuegemea kwenye egemeo la kiti, Ila ni nini inayojiri tunapokalisha kifandugu kwenye egemeo la kiti na tukiketi kwa hali nyofu?

Jaribu tu kuegemeza kifandugu kwenye egemeo la kiti chako, ukishikisha miguu yako chini mmoja kando ya mwingine. Hivyo uti wetu wa mgongo hubeba kichwa chetu, kikinyooka.

Tuchunguze sasa kile kinachojitokeza ndani mwetu.

Tunatambua kwamba hali fulani imebadilika.

Tunaelekeza uangalifu wetu sasa kwenye kiganja chetu cha kulia. Tunaweka kitanga cha mkono wa kushoto chini ya kiganja cha kulia, vitanga vyote viwili vikielekezwa upande wa juu.

Watu wamoja hufahamu kwamba kituo cha marekebisho ya kiroho humulikia kwenye upande wa kifandugu. Tunasogeza viganja vyetu karibu ya kituo cha marekebisho, vikiwa kimoja ndani ya kingine, kitanga cha mkono wa kushoto kikiwa chini ya mgongo wa kiganja cha kulia.

Viganja hivyo vinawekwa juu ya mapaja yetu.

Tunabaki kwenye hali hiyo na tunajiombea wenyewe. Tunaingia kwenye mawasiliano na Roho mkuu wa Mungu ndani mwetu.

Kwa ajili ya kuhisi vema mwili wetu, tunaweza pia kufumba macho.

Tunatambua kwamba namna yetu ya kuketi si ya kawaida, na kwa sababu ya hayo, hali yetu ya ndani nayo vivlevile ni tofauti. Tunajihisi tayari kwa maombi.

Tunageukia sasa ndani mwetu.

Tunageukia upande wa Kristo wa Mungu ndani mwetu, upande wa nuru ya Kristo, karibu na moyo wetu.

Tunaelekeza hisi zetu ndani mwetu na tunahisi kwamba fikra zetu zinaenda mbali nasi.

Tunahisi pia kwamba kupumua kwetu ni kwa kina sana.

Tunahisi kwamba tunageuka watulivu sana, kwamba kichwa na moyo vinafikia kwenye umoja kwani tumepata utulivu wa kiroho.

Tunatupilia mbali fikra zetu.

Tunapumua kwa utulivu na kwa kina.

Tunaombea sasa jambo linalotushika moyoni.

Hatutafuti maneno yetu.

Tunaacha fikra za sala zijitokeze ndani mwetu na tunaziweka ndani ya nuru ya Kristo inayomulika pembeni ya moyo wetu.

Fikra za sala zinajiendeleza.

Tunajaribu sasa kuomba ndani ya nuru ya Kristo, ndani ya kituo cha Kristo.

Tunatumia muda wetu. Tunajifunza kuomba.

Tunahisi kwamba mwili wetu sasa ni mwepesi sana, kwa sababu ya namna ya kutafakari tukiketi, na namna ya kukaa wakati wa maombi, pia kwa sababu ya maombi ndani ya nuru ya Kristo aliye ndani mwetu.

Ninajiruhusu sasa kuendelea na zoezi la pili.

Tunabaki katika hali hiyo hiyo ya sala.

Katika fikra, tunataka sasa kuombea watu wengine, wanyama na mazingira.

Tutambue tena kwamba sisi ni watoaji na wapokeaji.

Tunatoka kupokea; sasa tunaombea jirani zetu, mazingira na wanyama, na hata pia jambo linalotushika moyoni.

Kwa hiyo tunajifungua kiroho.
Tunaweka sehemu ya nyuma ya vitanga vyetu juu ya mapaja yetu na tunavitia kando ya kiwiliwili chetu.

Tuhisi mara tena wepesi wa mwili wetu. Mtetemeko murua unaanza kujitokeza kwenye vitanga vya mikono yetu. Ni dalili kwamba nafsi yetu inataka kutoa. Nuru ya rohoni mwetu na nafsi yetu, vinataka kuombea ndugu na dada zetu na viumbe vyote vinavyoishi.

Tunageukia mara tena ndani mwetu.

Tunaelekeza hisi ndani mwetu na tunazingatia nuru ya Kristo pembeni ya moyo wetu. Unapiga na kungaa vizuri.

Tunamtolea sasa Kristo wa Mungu maombi yetu kwa niaba ya jirani yetu, ya mazingira, ya wanyama na Ardhi-Mama.

Tunamuomba Kristo kwa niaba ya watu, na viumbe mbalimbali. Tunaacha maombi hayo ndani ya nguvu yake, inayopiga haraka ndani mwetu na tunabaki katika sala ndani ya nguvu hiyo ya kiroho.

Fikra za sala zinajitokeza zenyewe ndani mwetu. Tusitafute maneno ya kutumia ndani ya sala, tuiache ije yenyewe.

Sala hizo zinatiririka kupitia mwili wetu, na kuelekea nje, kupitia vitanga vya mikono yetu, kupitia ncha za vidole vyetu kuelekea upande wa watu na viumbe tunavyoviombea.

Nguvu inatiririka kupitia sisi hadi kwa jirani yetu zikipitia kwenye kituo cha Kristo wa Mungu ndani mwetu.

Hata mahitaji ya maombi iwe gani, ikiwa kwa kweli inatugusa moyoni, basi jirani zetu au viumbe tulivyoviombea vitapokea.

Tunahitimisha sasa zoezi hili la pili.

Tunafunga shughuli hii ya maombi kwa kuweka upya tena kitanga cha kiganja cha kushoto chini ya sehemu ya nyuma ya kile cha kulia.

Mara tena, tunaelekeza upya viganja vyetu, vilivyo kimoja juu ya kingine, upande wa kituo cha marekebisho.

Mshikamano wa nguvu unaanza kutiririka ndani mwetu. Tunahisi hakika nguvu hizo za kiroho: tunapumua kwa utulivu sana. Tunakuwa makini mno. Tunajihisi wepesi na wenye hali nzuri. Tunahisi kuwepo karibu na Kristo wa Mungu.

Tunahitimisha sasa zoezi hili.

Muda wa mazoezi hayo, wamoja waliendelea kuvamiwa na fikra fulani bila kuzifuta wakati wa sala. Ingelipasa kuchanganua fikra hizo kabla ya kuomba, kuchunguza chanzo chao, kwa ajili ya kuzirekebisha. Hivyo tutakuwa watulivu, na tutafikia vema kwenye sala ya kina, sala-maarifa ambayo tena ni dhamiri ya mambo sahihi.

Sala yetu ikiwa tulivu na kunjufu, tunajihisi kujazwa kiroho. Hatutafuti tena maneno yetu, hisi safi za sala hutiririka toka nafsi yetu, na zinapitia kwenye ubongo wetu na hatimaye kusababisha fikra za sala mahususi juu ya jirani yetu.

Ila tukiwa na wasiwasi na msukosuko hata pia wakati wa maombi, ni dalili kwamba mambo tuliyosahau inatushawishi na inahitaji kuturudilia ila tunaizuia. Msukosuko huo tunaohisi wakati tunapotaka kuomba ni dalili kwamba kuna jambo fulani linalopashwa kurekebishwa, ambalo tungerekebisha tangu zamani.

Kwani ni bora wakati tunapotaka kuomba fikra mbovu hizo zitushambulie, zinatuonyesha kwamba mambo fulani ingebidi kupewa suluhisho hapo mbeleni.

Wakati wa kazi au shughuli zetu tofauti, fikra hutawala akili yetu kwa gafla, kila mara bila ya sisi kuyatambua. Ikiwa tunaenda faraghani kuomba, fikra hizo zinatushambulia kabisa. Ni dalili kwamba nafsi yetu inataka kujiweka huru toka uovu huo.

Inawezekana pia wakati tunapotaka kuomba fikra za mambo tuliyosahau zijitokeze akilini mwetu na kuvuruga mipango bora zetu zote. Si vema kupuuza fikra hizo kwa lengo la kusali kwa gharama yote ile, bali ni vema kujiswali: «Oup! Ni jambo lipi ninapashwa kurekebisha? Hapo hapo nitalichanganua kusudi ya kulikosoa!»

Si vema tu kuandika fikra zinazotusonga, na kuweka kando maandishi hayo na kuchukua uamzi tena wa kuomba kwa moyo wote bila kujali fikra zetu. Ingelitupasa kutambua yaliyomo katika fikra hizo, kwa msaada wa Kristo, kwa lengo la kurekebisha mambo tunayoyatambua ndani mwetu.

Tunarudilia upya hali nyofu ya maombi, mara hiyo kwa lengo la kujiombea sisi wenyewe. Tunamwomba Kristo atusaidie kurekebisha fikra mbaya tulizozichanganua na ambamo tunabainisha hali za ubinafsi wetu. Hayo, bila shaka, ikiwa tunataka. Ni muhimu! Inatupasa kutaka jambo hilo na kuhisi majuto. Kuwa na hali za ubinafsi kama jinsi fikra zetu zinavyotuonyesha, kunapashwa kutuuma moyoni. Tukijuta hivyo, tutahisi basi msaada.

Tukio lingine laweza kuwa hili: wakati tunapotaka kuomba, msukosuko usiodhihirika bado unatukosesha kimya. Bora ni kuacha basi hali mbovu iliyo ndani mwetu igeuke fikra tunazoweza kuzitambua. Ikiwa fikra na hisia hizo zinazotuvuruga si za ajabu, na za kuchukiza, ni bora kuziandika. Na tukiomba Kristo atusaidie, zitaenda mbali nasi. Tutakuwa basi kimya na tutaweza kuomba kwa moyo wote, kama jinsi tulivyopanga awali.

Baada ya sala yetu, tungepashwa kurekebisha fikra hizo zilizotushambulia, kwa mfano fikra mbovu dhidi ya jirani yetu, makosa dhidi ya vitu au viumbe fulani vya mazingira. Tunarekebisha makosa yetu kwa msaada wa Roho mkuu wa Mungu, Roho muumbaji wa mazingira. Kwa hiyo tunachukua uamzi wa kutotia akilini tena fikra hizo na kususia kabisa mambo ambayo fikra hizo zilitusukuma kutenda.

Cha muhimu siku zote ni kumgeukia katika sala Kristo anayeishi ndani mwetu,na kumwomba msaada. Kristo hutusaidia kwa shurti moja tu la sisi kukubali kuacha hali mbovu. Hilo ndilo kusudio.

Iwapo tunataka hakika kujifunza kuomba, tunapashwa kuwa wakweli kwetu sisi wenyewe. Siku hazifanani kabisa.

Tujichunguze sisi wenyewe: wakati tunapotafuta fikra za sala, tunatafutia kichwani mwetu, ndani ya mambo tuliyosahau. Tungepashwa kutambua kwamba tunafuta fikra akilini na kujitia wasiwasi. Ikiwa wakati wa sala unashambuliwa na fikra zinazojaa mashaka, ni bora usizitupilie mbali! Zichunguze kwa makini, kwani zinajionyesha kama picha. Ziorodheshe mahali fulani na wakati utakapokuwa mtulivu ingia katika sala.

Muombe Kristo ashirikiane nawe, akusaidie kutambua na kurekebisha hali hizo za kiutu sana ambazo tunaweza kuita pia dhambi au tabia mbaya.

Tunajaribu kufikia utulivu kwa ajili ya kupata ukimya wa ndani na kuweza kuomba moyoni mwetu, kwani sala halisi ni mazungumzo na Mungu. Maombi inatuweka wenye furaha, wenye nguvu katika imani na inatupa matumaini katika maisha ya kila siku. Kwa nini? Kwa sababu tunahisi uwepo Wake.

Kwa nini fikra nyingi hutushambulia kila mara wakati tunapotaka kuomba?

Tutambue kwamba mambo mengi yamefutwa toka fahamu yetu na kutupiliwa kwa sababu hatukutaka kukubali kuwepo kwa mambo hayo ndani mwetu. Mfano wa mambo hayo ni tamaa, masharti, shauku, makosa tuliyoyafanya na hali zingine zinazotulemea. Nguvu mbovu hizo hurekodiwa ndani ya kumbukumbu isiyo wazi, na tokea humo zinashawishi hisi, hisia, fikra na matendo yetu.

Tungepashwa kuzichanganua kwa ajili ya kuzirekebisha na kujinusuru nazo.

Tukiwa na nia ya kusali na tukijaribu kuwa watulivu sana, kumbukumbu isiyo wazi hutenda kazi muda ule ule. Inatumia nafasi hiyo kwa kutushambulia na vyote vile itakavyo, kwani inatafuta kutulazimisha kwa namna zote turudilie hali mbovu za utashi wetu tulizo nazo.

Basi, fikra zikitushambulia, tuziandike. Tumwombe Roho atusaidie na kutuunga mkono kusudi tuweze kuzirekebisha.

Ila ninarudilia, mapenzi yetu ni jambo muhimu katika kufanya jambo ambalo tumetambua kuwa sahihi.

Fikra hizo zikirudi mara tena, tusiziachii nafasi tena. Tuombe mara tena msaada: «Bwana, nilikuomba msaada wa kurekebisha hali hizo, nimetua sasa fikra hizo chini ya miguu yako na ninakuomba unisaidie kuzifuta akilini!»

Tugeukie ndani mwetu mara na mara, tuingie katika sala ya mazingatio na tutatambua kwamba Kristo anatusaidia. Tutahisi Roho ndani mwetu. Hisi na hisia hiyo inatuweka wenye raha na wenye furaha moyoni mwetu. Halafu tunaweza kuwasiliana kwa utulivu sana, bila wasiwasi na jirani wetu. Tutakuwa pia na ufanisi katika maisha yetu ya kila siku.Yule aliye tayari na aliyejiandaa kurekebisha hali zake za kiutu sana kupitia msaada wa Kristo, atakuwa katika hali njema siku baada ya siku.

Mwanzoni sala zetu zina dhamira ya kujitambua na baadaye sala hizo hugeuka sala za utendaji.

Sala tendaji inamaanisha kwamba, hakika kwa moyo wote, tunatakia heri majirani wetu, mazingira na wanyama. Tutaacha kutowathamini wengine, na kuacha kuwa na kijicho au wivu dhidi yao. Majisifu yetu hatua kwa hatua inakoma kwani tunatenda kazi na nguvu ya Kristo wa Mungu. Nafsi yetu inajaa nuru sana, na utu wetu wote unakuwa huru. Baadaye, ni nafsi yetu sasa ndiyo inaomba.

Na sala hiyo inayotokea moyoni mwetu ni sala ya shukrani ya kina, ni sala isiyolenga faida, sala inayotupa heri na furaha kwani nafsi yetu inafurahi. Tuna furaha hiyo ya ndani kwani tunahisi kwamba, kama binadamu, tumemkaribia Mungu.

Lakini, inaomba kujizoeza jambo hilo, ni mafunzo isiyobadilika. Ila tafadhali, usisitishe zoezi hilo bila kulikamilisha! Fanya mazoezi mara na mara, sali kila mara hadi muda utakapohisi tamaa ya kutimiza sala zako maishani mwako siku zote. Hivyo tunageuka wabunifu na tunapata yote toka nguvu ya Uzima iliyo ndani mwetu.

Yule aliye hakika na nia ya kujitambua mwenyewe na kumkaribia Kristo, yupo tayari vilevile kujifunza.

Ukitaka hayo, jaribu kupata maarifa kupitia hali zote za kuketi na matokeo yao kwako.

Kwa mfano, tunapoegemea kitini, ni fikra gani zinazotujia? Na ni vipi tunavyojihisi tukiwa na hali nyofu tukikalia kifandugu? Jichunguzeni na kukumbukeni hayo kila mara.

Kama tulivyotolewa maelezo, kuketi tukinyooka, miguu yetu ikiwekwa chini mmoja kando ya mwengine, ni sehemu ya mafunzo pia. Nimepata uzoefu binafsi kwamba kwa kuketi namna hiyo muda wa mazungumzo, ni rahisi kwangu kusikiliza mwenzangu na kumtolea jibu la kuridhisha. Mtapata pia haraka na kwa uhakika suluhisho halali za hali tofauti za maishani na za kazini.

Kuegemea ukuta au msingi wa mlango ni ishara pia ya kutokuwa makini. Hatuwezi hakika kumsikiliza mwenzetu au kuelewa hali fulani, kwani kutokuwa makini kunasababishwa na fikra zinazoondoa uangalifu.

Sasa tumetambua namna nzuri ya kuketi muda wa sala inayorahisisha mkazo wa nguvu za dhamiri yetu.

Wamoja wametambua kwamba licha ya uamzi bora wa kujirekebisha, tunarudilia tena kwa urahisi mambo tuliyoamua kurekebisha.

Tungepashwa pia kufahamu:
Ni nini inayotukia wakati tunapoegemea kitini? Ni fikra gani zinazojidumisha ndani mwetu? Je! ni fikra za sala ya kina inayotuunga na Mungu? Tunatambua kwamba katika hali hiyo hatuwezi kuomba kwa dhati.

Hata kama fikra za sala zinatujia, tunatambua wazi kwamba ni fikra tu za nje, za juu juu, ni kelele tupu. Ndani ya maneno hayo yote mna tamaa zetu na mchanganyiko wa fikra zinazotawala utu wetu. Tujaribu! Hivi ndivyo tunavyopata maarifa. Ndivyo tutakavyojifunza.

Si bure ndiyo Kristo katika ufunuo wake alipenda kuhimiza kila mmoja apate nuru yake alipotuambia: «Muwe na hali nyofu nje kama vile ndani.»

Hali ya mwili inayojaa dhamiri, na mwelekeo mzuri, yenye nidhamu ni msaada mkubwa ndani ya njia ya kiroho, njia iongozayo kwenye uzima wa ndani. Inatusaidia kujitambua wenyewe na tena kubaini waziwazi na haraka yale tunayofikiri katika mchana. Hivyo Tunaweza kuhepuka hali mbovu tulizozitambua waziwazi kwa msaada wa Mwokozi wetu.

Hali nyofu ya kiroho yenye kujaa dhamiri ni alama ya heshima, ya unyofu na ya nguvu fulani ya kiroho.

Hali hiyo inaonyesha unyenyekevu wa ndani kwa Roho Mkuu wa Mungu, na ni alama ya Shukrani Kwake.

Tukumbuke mara tena mfano wa antena. Mwanadamu ni kama chombo cha utoaji na upokeaji. Kuna manufaa ya kujitia nidhamu na kuwa na hali ya kiroho nyofu kwetu sisi wenyewe. Kuna manufaa pia katika kutambua kila mara sisi ni nani hakika, na kutambua asili yetu kwa kujiswali kwa mfano: mimi ni mwanadamu duni tu au ndani mwangu mna nguvu kuu ambayo inapashwa kunielekeza kimwili au kiroho?

Tukitambua kweli sisi ni nani tutafanya hivyo.

Tufanye jaribio moyoni mwetu sisi wenyewe!

Maishani mwetu siku zote, katika mazungumzo kwa sauti kubwa au kwenye simu tunaweza kuhisi waziwazi kama tunaitolea mwelekeo mzuri antena yetu, na tunapata msaada toka ndani. Ikiwa kwa mfano tulikuwa wenye kuchoka, tunahisi kwa gafla nguvu mpya. Mwelekeo mzuri ndicho chanzo chake. Ikiwa tumejifunza kuchunga mwelekeo mzuri, jinsi muda unavyopita, mwelekeo huo utabaki kuwa mazoea. Hivyo tutabadilika kabisa. Tunajifunza kuomba hakika, tunajifunza kuenenda vema na wengine. Tupo wenye furaha. Tunamkaribia kiroho mwenzi wetu na tunakuza hali nzuri nyingine tena.

Kuwa na msimamo nyofu wa mwili ni msaada halisi. Kupitia mwelekeo upande wa Kristo, tunafikia maendeleo makuu ya kiroho.

Tunahisi sasa maana ya sentensi zifuatazo: «Ufalme wa Mungu umo ndani mwetu» au «Mimi ni hekalu la Mungu.»

Inayofuata ni nia ya kutakasa hekalu letu kwa ajili ya kuwa huru na kuhisi ndani mwetu kwamba Mungu Yupo.

Tukumbuke mara na mara kwamba mwanadamu ni ganda la Kiumbe kikuu cha nuru kilicho ndani mwetu. Kiumbe hicho kinapashwa kujaza na kupenya ganda la mwanadamu na nuru yake.

www.ingramcontent.com/pod-product-compliance
Lightning Source LLC
LaVergne TN
LVHW050818051026
849532LV00008B/3012
* 9 7 8 3 9 6 4 4 6 2 2 5 1 *